다 파헤쳐 도도새의 탐정일기

멸종 위기 동물의 미스터리

북극곰

안녕, 내 이름은 '다파헤쳐'야.

난 미스터리를 파헤치는 탐정이지.
여러 해 동안 수천 종의 동물들이 사라졌어.
동물들은 도대체 어디로 갔을까?
무슨 일이 일어났고, 왜 지구에서 사라진 걸까?
그걸 파헤치는 게 내 임무야. 너희들이 나 좀 도와줄래?

멸종 위기 등급

전 세계에 수천 종의 동물들이 멸종 위기에 처해 있는 거 알아? 그 동물들은 멸종될 수 있어. 같은 종의 동물이 더 이상 존재하지 않게 된다는 뜻이야. 동물들은 저마다의 이유로 멸종 위기에 있어. 어떤 동물은 서식지의 변화에 빨리 적응하지 못하고, 어떤 동물은 힘센 동물과 끊임없이 경쟁을 해야 해. 어떤 동물은 다른 동물들보다 더 심각한 어려움을 겪고 있지. 그들은 남아 있는 개체 수에 따라 취약, 위기, 멸종으로 구분돼.

취약

이 말은 어떤 동물이 사냥을 당하거나 서식지를 잃어서 멸종될 가능성이 있다는 뜻이야. 문제가 계속되거나 상황이 점점 나빠지는 거지.

위기

멸종 위기에 처한 동물들은 야생에서 대부분 사라졌어. 짝짓기를 할 동물을 거의 찾을 수가 없을 정도야. 그래서 가끔은 인간들이 위기에 처한 동물들을 잡아 와 돌보면서 번식을 도와주기도 해.

멸종

어떤 동물이 멸종되는 건 이 세상에서 영원히 사라지는 거야.

어떤 종이 멸종되면 남아 있는 다른 종들은 더 힘들어져. 많은 동물들이 먹이 사슬로 연결되어 있거나 같은 곳에서 함께 어울려 사니까 말이야. 가장 위험에 처해 있는 종을 보호해야 다른 종들도 살아남을 가능성이 커져.

멸종이 처음 있는 일은 아니야. 하지만 인간이 지구상에 나타나면서 상황은 더 안 좋아졌어.
오늘날 26,500종 이상의 동물이 멸종 위기에 처해 있고, 그 수는 매년 늘어나고 있어.
멸종 위기 동물이 늘어나는 이유는 아주 많아.

기후 변화

지구가 점점 따뜻해지고 있어. 인간의 활동으로 기후가 변하기 때문이야. 숲에서는 일부 식물들이 사라지고, 기온 상승에 적응하지 못하는 동물들도 죽어 가고 있어.

서식지 손실

농업은 자연 서식지와 환경에 피해를 줄 수 있어. 특히 가축을 기르면 온실가스가 많이 생겨서 기후를 더 나빠지게 하지.

삼림 파괴

인간은 전 세계적으로 엄청나게 많은 나무를 베어 냈어. 그래서 깨끗한 물이 줄어들고 동물들이 사는 곳이 망가졌지. 결국 기후 변화에 큰 영향을 미쳤어.

마구잡이 사냥

오랫동안 인간은 먹이와 털가죽을 얻기 위해 사냥을 했어. 심지어 재미로 사냥을 하기도 했지. 새끼들이 미처 자라기 전에 너무 많이 잡아서 전체 종이 사라지게 된 거야.

7

도도새
명탐정 다파헤쳐

모리셔스

다들 내가 누군지 잘 알지? 내 입으로 말하긴 좀 그렇지만, 난 세상에서 가장 유명한 멸종 동물이야. 인간이 나를 처음으로 본 건 1598년이었고 마지막으로 본 건 1662년이었어. 나는 키가 1미터 정도였고 단단한 머리와 튼튼한 고리 모양의 부리가 있었어. 풍성하고 멋진 꼬리 깃털도 있었지. 모두 내 매력에 흠뻑 빠졌어. 자, 이제 내 얘기를 더 들려줄게.

날지 못하는 새

내 날개는 균형을 잡거나 뽐내기에는 좋았지만, 나는 데에는 형편없었어. 나는 날지 못했기 때문에 바닷가에서 가까운 숲속에 둥지를 만들었지. 하늘을 나는 새들보다 몸무게가 훨씬 많이 나갔지만 뚱뚱하진 않았어. 내겐 딱 알맞은 몸매였지.

모리셔스식 식사

내가 가장 좋아하는 음식은 땅콩, 과일, 씨앗, 뿌리야. 튼튼한 부리로 아주 딱딱한 음식도 먹을 수 있었어. 여기 같이 살던 부엉이, 비둘기, 앵무새, 왜가리 들과 기꺼이 음식을 나눠 먹었지.

너무 무례해!

정말 기분 나쁜 일이 있었어. 모리셔스에 오는 선원들이 도도새 고기가 무슨 맛인지 알고 싶어 했다는 거야! 무슨 맛이냐고? 솔직히 별로 맛있진 않아. 그런데 선원들은 우리 고모랑 삼촌이랑 사촌 들을 잡아먹었어.

미스터리 해결

인간이 우리를 너무 많이 잡아먹어서 멸종했냐고? 그건 아니야.
우린 정말 맛이 없었거든. 우리가 사는 곳에 인간이랑 새로운 동물이 들어왔어. 돼지, 개, 쥐, 고양이까지 말이야. 걔들이 우리 먹이와 알을 다 먹어 치웠지.
인간들도 우리가 사는 곳을 마구 망가뜨렸어. 더 이상 도도새가 살아남을 수 있는 환경이 아니었던 거야.

난쟁이코끼리

땅딸보 아이코

지중해 연안

난 큰 동물이 작은 섬으로 이사를 오면 점점 작아진다는 사실을 발견했어. 바로 땅딸보 '아이코'에게 그런 일이 일어났거든. 약 80만 년 전에 해수면이 낮아졌고 10톤이나 나가는 난쟁이코끼리의 조상들은 지중해를 건너 섬으로 옮겨 가기 시작했어. 난쟁이코끼리들은 한동안 섬 생활에 잘 적응하는 것처럼 보였지. 그런데 왜 기원전 11,000년경에 멸종했을까?

섬 생활

'아이코'의 가족들은 섬의 먹이와 육지의 먹이가 다르다는 걸 알게 됐어. 섬은 육지만큼 먹을 게 풍부하지 않았지. 시간이 지날수록 코끼리들은 점점 더 적게 먹어도 되는 작은 몸으로 변했어. '아이코'가 태어날 무렵에는 난쟁이코끼리의 몸무게가 200킬로그램밖에 나가지 않았어. 키도 1.4미터밖에 되지 않았지.

이리저리
코끼리들처럼 인간들도 흩어져서 새로운 집을 찾아다녔어.
인간들은 새로운 터전을 찾기 위해 지중해를 건너왔어.

미스터리 해결
난쟁이코끼리들은 호기심이 많았고, 인간을 두려워하지 않았어. 이런 특징 때문에 사냥꾼들에게 쉽게 잡힌 거야. 정말 안타까워!

나무늘보여우원숭이
대롱대롱 어슬렁

마다가스카르

'어슬렁'은 마다가스카르의 향기로운 바닷가에서 느릿느릿 편안하게 살았어.
나무에 매달려 있거나 친구들과 느긋하게 풀을 뜯으며 시간을 보냈지.
그런데 정말 수상해! 이렇게 사랑스러운 동물이 도대체 왜 멸종했을까?
반은 나무늘보이고 반은 여우원숭이인데다가 성격도 순한데 말이야.

느림보 신사

'어슬렁'은 아르케오인드리 나무늘보여우원숭이였어. 요즘 고릴라만 한 크기로 오늘날의 여우원숭이보다는 훨씬 컸지. 아르케오인드리는 짧고 단단한 머리뼈를 가졌고 주로 땅에서 살았어. 긴 팔로 아주 천천히 나무를 타고 다녔어.

유연한 '구불이'

'어슬렁'의 가장 친한 친구는 다른 종류의 나무늘보여우원숭이였는데, '구불이'라고 불리는 팔레오프로피테쿠스야. '구불이'는 팔이 길고 관절이 유연했어. 요즘 볼 수 있는 나무늘보처럼 말이야. '구불이'는 요가를 무척 좋아했어. 손가락이 고리처럼 휘어져서 공중에 매달리는 어려운 자세도 쉽게 할 수 있었어. 하지만 땅에서 걷는 건 잘 못했지.

미용 도구가 쏙!

'어슬렁'의 이모인 '타고나'는 너무나 매력적이었어. '타고나'를 모르는 동물이 없었지. '타고나'는 중간 크기의 바바코티아 나무늘보여우원숭이였어. 아래턱에는 '참빗'이라고 불리는 특별한 이빨이 있었는데 그걸로 털을 골랐어. 미용 도구를 몸에 지니고 태어난 거야!

무지무지 느려서

나무늘보여우원숭이는 기후 변화 때문에 서식지를 잃어서 멸종했어. 인간에게 사냥을 당해서 개체 수가 줄기도 했지. 어떻게 아냐고? 여우원숭이 뼈에서 칼자국이 발견되었거든. 정말 끔찍해! 너무 무겁고 느려서 빨리 도망갈 수 없었던 거야.

스텔러바다소
육중한 텀벙이

베링해

'텀벙이'는 정말정말 덩치가 컸어. 다른 가족들처럼 몸길이가 10미터까지 자랐어. 거의 버스 길이만큼 길었지. '텀벙이'는 암컷과 새끼 떼 그리고 다른 수컷들과 서늘한 물속에서 아무도 해치지 않고 평화롭게 살았어. 그럼 이 거대한 녀석은 왜 지구상에서 사라진 걸까?

풍부한 해산물

'텀벙이'는 이빨이 하나도 없었지만, 여러 해초와 해조류를 즐겨 먹었어. 뼈처럼 단단한 혓바닥으로 음식을 갈아서 먹었지.

끔찍한 항해사들

1741년에 러시아 선원들이 한 섬에 고립되었어. 선원들은 '텀벙이' 떼를 발견했고, 바다소가 사냥하기 무척 쉽다는 것을 알았지. 바다소의 고기가 맛있었기 때문에 더 많은 인간들이 고기를 맛보려고 섬을 찾아왔어. 결국 27년 만에 스텔러바다소가 모조리 사냥을 당해서 멸종된 거야.

행복한 무리

'텀벙이'는 시원하고 얕은 물에서 친구이랑 노는 걸 좋아했어. 튼튼한 앞지느러미를 힘껏 움직여 육지로 올라가기도 했지. 마치 스쿠터를 타는 것처럼 말이야!

큰바다쇠오리
수영 스타 미끄덩

북극해

'미끄덩'은 평범한 새가 아니었어. 재주가 많았거든. 튼튼한 날개로 하늘을 나는 대신 물속을 미끄러지며 헤엄쳤지. '미끄덩'은 물을 너무나 좋아해서 가능한 물 가까운 곳에 둥지를 틀었어. 조사해 보니 '미끄덩'은 인간에게 사냥을 당한 것으로 밝혀졌어. 도대체 왜 그랬을까?

평화주의자
느긋한 '미끄덩'과 친구들은 스스로를 방어할 힘이 전혀 없는 순한 새였어.

매력적인 외모
'미끄덩'은 빼어난 외모 때문에 북극해에서도 쉽게 눈에 띄었어. 키가 75센티미터 정도였고, 홈이 파인 커다란 검정색 부리를 가지고 있었어. '미끄덩'이 서 있으면 눈에 안 띌 수가 없었겠지?

사냥을 당하다
인간은 '미끄덩' 같은 큰바다쇠오리를 엄청 많이 사냥했어. 큰바다쇠오리의 모든 것을 원했거든. 고기, 지방, 깃털까지도. 큰바다쇠오리가 점점 줄어들자 그들의 알은 수집가들에게 점점 더 귀해졌지.

사라진 앵무새들

수많은 멋진 새들이 지구상에서 사라졌어. 나처럼 말이야.
전체 앵무새 종의 28%가 인간에게 사냥을 당하고 서식지를 잃어서
멸종 위기에 처해 있어. 하지만 좋은 소식도 있어! 동물을 아끼는 인간들이
문제를 깨닫고 해결하기 위해 열심히 노력한다는 거야.

쿠바앵무새
슈퍼 모델 살사, 쿠바

작고 화려한 슈퍼 모델 '살사'는 가족과 함께 살았어.
인간들이 '살사'의 아름다움에 반해서 잡아다가 애완동물로
사고팔았지. '살사'의 가족들에게도 같은 일이 일어났고, 살던
곳도 위험해졌어. 쿠바에 매년 허리케인이 불어닥쳤는데,
그때마다 앵무새의 개체 수가 크게 줄었어.

캐롤라이나앵무새
패션 리더 티나, 미국

'티나'는 언제나 초록, 빨강, 주황, 노랑 깃털로 온몸을 꾸미고 파티에 다녔어. 200마리 정도의 무리 중에 '티나'를 모르는 새는 없었지. 하지만 캐롤라이나앵무새가 살 수 있는 곳이 적었고, 인간들이 숲을 베어 내서 앵무새들은 위험에 처했어.

스픽스앵무새
부끄럼쟁이 발그레, 브라질

부끄럼을 많이 타고 가족을 사랑하는 스픽스앵무새는 브라질에서 가장 메마른 지역에 살았어. 커다란 카라베이라 나무에 둥지를 지었는데, '발그레'는 매년 같은 둥지를 사용했어. 인간이 나무를 베어 내자 둥지가 순식간에 망가졌지.

미래의 희망

마지막 쿠바앵무새가 1865년에 죽었어. 애완동물 거래, 서식지 감소, 허리케인 때문이야. 삼림 파괴와 사냥과 질병으로 1900년대 초반에는 '티나'의 가족도 사라졌지. 그런데 좋은 소식을 들었어! 스픽스앵무새가 야생에서는 멸종되었지만 보호 시설에서 새끼를 낳았다는 거야. 제발 인간들이 이 아름다운 새가 사라지지 않게 도와주면 좋겠어!

태즈메이니아늑대
꿀꺽 소녀

오스트랄라시아

'꿀꺽' 소녀는 호기심이 많은 사냥꾼이었어. 아마 뛰어난 탐정이 되었을지도 몰라! '꿀꺽' 소녀의 가족은 힘이 세고 의지가 강하고 비밀스러운 구석이 있었어. 비록 3000년 전에 호주 섬에서는 멸종했지만 태즈메이니아에서는 수천 마리가 살아남았지. '꿀꺽' 소녀는 무척 영리해서 섬에 사는 동물 중에 가장 기억력이 좋았어.

거다란 한입

'꿀꺽' 소녀는 강한 턱을 크게 벌려서 먹이를 한입에 물 수 있었어. '꿀꺽' 소녀의 삼촌은 장난꾸러기였는데 양이나 닭 같은 가축을 잡아먹었어. 그래서 농부들이 '꿀꺽' 소녀의 가족을 무척 싫어했지. '꿀꺽' 소녀의 삼촌도 다 먹고 살려고 그런 거야!

사랑스러운 우리 집
'꿀꺽' 소녀는 동굴 같은 곳에서 숨어 살았어. 다른 가족들처럼 여기저기에 집이 많았지. 어떤 집은 동굴 속에, 어떤 집은 바위 아래에 있었어. 사냥 범위가 넓었기 때문이야. '꿀꺽' 소녀는 아늑한 공간을 좋아해서 집에는 늘 부드러운 풀을 깔아 두었어.

절대로 도망 못 가!
'꿀꺽' 소녀는 힘도 세고 체력도 대단했어. 먹이를 쫓기 시작하면 사냥감이 더 이상 도망갈 수 없을 때까지 따라갔지.

'꿀꺽' 소녀에게 닥친 시련
1800년대에 유럽 사람들이 호주와 주변 섬에 쳐들어와서 살았어. 농부들은 '꿀꺽' 소녀가 가축에게 다가오면 총을 쏘았어. 결국 '꿀꺽' 소녀는 서식지를 잃었고, 새로운 동물과 질병에 맞서 싸워야 했지. 1930년에 야생에서 살던 마지막 태즈메이니아늑대가 죽었고, 6년 뒤에는 보호 시설에서 살던 마지막 태즈메이니아늑대도 죽었어.

민물돌고래

숨비 부인

중국

'숨비' 부인은 멀리 있는 것을 잘 못 보는 민물돌고래였어. 하지만 인간들은 '숨비' 부인을 양쯔강돌고래라고 부르면서 이상한 이야기를 지어냈지. 인간들은 돌고래에게 마법의 힘이 있어서 돌고래 고기를 먹으면 악마를 물리칠 수 있다고 믿었어. 난 '숨비' 부인에게 그런 능력이 있을 거라고 믿지 않았기 때문에 직접 조사를 해 봤지. 그런데 나도 모르게 마법에 걸린 느낌이 드는 거야. 다들 '숨비' 부인이 특별하다는 걸 인정할 수밖에 없었어.

슈퍼 음파 탐지기

'숨비' 부인은 시력이 별로 좋지 않았지만 문제없었어. 양쯔강은 너무 탁해서 아무리 시력이 좋아도 도움이 안 되었을 거야. 대신 '숨비' 부인은 길을 찾기 위해 주변의 소리를 이용했어!

매력에 빠지다

'숨비' 부인은 몸길이가 2.5미터였는데 같은 종의 수컷 민물돌고래보다 몸집이 더 컸어. 매력적인 성격 덕분에 다들 '숨비' 부인에게 반했대.

현대적인 생활

근데 왜 '숨비' 부인은 양쯔강에서 사라졌을까? 민물돌고래는 양쯔강에서 2천만 년 넘게 살았어. 시간이 지날수록 인간은 강을 다른 방식으로 사용하기 시작했지. 여러 교통수단으로 강을 지나다녔고 낚시도 많이 하고 심지어 댐도 지었어. 산업 쓰레기 때문에 강이 오염된 거지. 결국 인간이 민물돌고래가 살 곳을 빼앗아 버린 거야.

서부 검은코뿔소
꼿대 높은 오뚝해

아프리카

다른 검은코뿔소들처럼 '오뚝해'도 엄마를 정말 좋아했어. 혼자 살기 전에 엄마랑 3년이나 함께 다녔지. '오뚝해'가 아주 어릴 때는 사자가 '오뚝해'를 잡아먹으려고 달려들기도 했어. 그래서 '오뚝해'는 남들이 공격할 엄두를 못 내게 얼른 크고 싶었지. 처음 생긴 뿔은 길이가 1미터가 넘었어. '오뚝해'는 자기 뿔이 정말 자랑스러웠어!

그땐 좋았지!
서부검은코뿔소는 멸종하기 전까지 약 7백만 년 이상을 남수단, 카메룬, 니제르와 주변 나라들을 돌아다니며 살았어.

힘든 시기

20세기 초가 되자 '오뚝해'와 친구들의 삶이 힘들어졌어. 인간은 그저 놀이로 코뿔소를 사냥하기도 했고, 곡식을 못 먹게 하려고 잡기도 했어. 같은 때에 산업 농장이 많이 지어져서 코뿔소의 서식지가 망가졌지.

의학적인 문제

20세기 중반이 되자 아시아에서 중국 한의학이 유행했어. 어떤 인간들은 코뿔소의 뿔을 갈아서 먹으면 상처가 낫는다고 믿었어. 인간들은 뿔을 얻기 위해 코뿔소를 사냥했지. 코뿔소의 뿔은 칼 손잡이로도 만들어졌어. 2011년에는 서부검은코뿔소가 완전히 멸종되었지.

친절한 인간들

'오뚝해'와 가족은 우리 곁을 떠났지만 검은코뿔소가 아직 조금 남아 있어. 친절한 인간의 도움으로 동부검은코뿔소와 남부중앙코뿔소, 남서부코뿔소는 여전히 살아 있지. 그리고 동물을 사랑하는 인간들이 여전히 코뿔소를 아끼고 있어! 난 명탐정이니까 본능적으로 알 수 있다구!

개구리와 두꺼비

개구리와 두꺼비는 조용한 성격으로 평생 인간을 피해 다녔어.
혼자 있는 생활을 즐기는 동물이 왜 멸종되었을까?
분명 우리가 모르는 뭔가가 있을 것 같아!

위주머니보란개구리
철통 보안 꿍꿍이, 호주 동부

'꿍꿍이'와 친구들은 물을 정말 좋아했어. 절대로 강이나 시냇물에서 멀리 떨어져 살지 않았지. 숲속에 집을 짓고 작은 공간에서 가까운 친척들과 함께 살았어. 난 '꿍꿍이'가 새끼를 지키기 위해 한 일을 알고 나서 깜짝 놀랐어. 글쎄, 알을 삼켰대! 때가 되면 뱉어냈는데 그때는 알이 다 큰 개구리로 자라 있었대. 정말 영리하지만, 우리 엄마는 그러지 않아서 다행이야!

황금두꺼비
꽃미모 껍껍껍, 코스타리카

'껍껍껍'은 화려한 색깔을 좋아하는 잘생긴 두꺼비였어. 운무림의 좁은 구석에 살았지. 몸단장이 끝나지 않으면 절대로 물갈퀴 발을 지하 굴 밖으로 한 발짝도 내놓지 않았어. 30년째 보이지 않는다니까!

스리랑카관목개구리
천방지축 덜렁이, 스리랑카

'덜렁이'는 빨리 어른이 되고 싶었어. 그래서 올챙이 시절을 건너뛰고 작은 알에서 바로 개구리가 되었지. '덜렁이'에겐 물이 별로 많이 필요하지 않았다는 뜻이야. 어느 정도 습기만 있다면 어디에서나 살 수 있었어. 하지만 엄마로선 별로였어. 글쎄, 알을 낙엽 사이에 낳고는 혼자 알아서 크도록 내버려 뒀다지 뭐야!

랩스프린지림드개구리
공군 훨훨나라, 파나마

파나마에서는 다들 놀라운 개구리 얘기를 해. 바로 날아다니는 개구리야! 그래서 나도 한번 조사해 봤지. '훨훨나라'는 운무림의 높은 곳에 살았어. 커다란 물갈퀴 발을 이용해 공중을 날아다녔지. 덕분에 적에게 공격을 받아도 잘 피할 수 있었어. 좋은 아빠였지만 요리 솜씨는 엉망이었대. 새끼들에게 자기 등껍질을 먹였다지?

흔한 골칫덩어리

내가 조사하는 동안 네 가지 골칫덩어리가 계속 등장했어. 바로 인간, 질병, 서식지 손실, 기후 변화야. '꿍꿍이', '껍껍껍', '덜렁이', '훨훨나라'는 모두 이 골칫덩어리 때문에 힘들었지.

나그네비둘기
떠돌이 후다닥

북아메리카

'후다닥'은 세상의 유행을 보고 싶어서 늘 여행을 다니는 친구였어. 한 번도 한곳에 오래 머문 적이 없었지. 다음 숲이 언제나 자기를 부르는 것 같았거든! 세상에 보고 싶은 것이 너무나 많았어. 가장 아끼는 액세서리인 새하얀 깃털을 어디든 달고 다녔지.

초고속
'후다닥'은 엄청 빨리 날았어. 날씬한 몸매와 탄탄한 근육 덕분에 시속 약 97킬로미터까지 날 수 있었지. 바람 사이를 막 뚫고 다닌 거야.

태양을 막아라
'후다닥'이 친구들과 함께 있을 땐 정말 멋있었어. 함께 모여 있으면 태양을 가릴 정도였지. 1866년에는 온타리오 남부에서 폭이 1.5킬로미터에 길이가 500킬로미터가 되는 '후다닥' 떼가 발견된 적이 있어. 그들이 머리 위를 지나가는 데 14시간이나 걸렸대.

나쁜 소문
인간들이 사냥을 하고 숲을 마구 베어 내서 어마어마한 수의 나그네비둘기가 사라졌어. 인간들은 나그네비둘기를 농작물을 해치는 벌레라고 여겼어. 그래서 1914년에 마지막 남은 '후다닥' 가족이 사라지게 됐지.

나무달팽이
신비주의 꼬물이

하와이

하와이는 음악과 춤으로 잘 알려져 있지. 나무달팽이인 '꼬물이'도 훌라 춤을 추듯이 매력적이고 느릿느릿하게 움직였어. '꼬물이'는 다른 달팽이 750종과 같이 살았어. 나무달팽이 종류만 해도 200가지가 넘었지. 하지만 1500년 이후로 멸종된 동물 중 거의 반이 달팽이나 민달팽이였어. 멋진 춤을 추던 달팽이들은 어떻게 사라진 걸까?

시인들의 연예인

'꼬물이'는 몸길이가 2센티미터밖에 되지 않았지만 몸 색깔이 무척 화려하고 반짝반짝 빛났어. 이런 모습을 보고 인간들은 '꼬물이'에 관한 이야기를 만들어 냈지. 어떤 인간은 '꼬물이'를 보고 시도 지었대!

나선형 껍데기
달팽이 껍데기는 대부분 오른쪽으로 빙빙 비틀려 올라가지만, '꼬물이'는 색다른 걸 좋아했어. '꼬물이'의 껍데기는 왼쪽으로 빙빙 비틀려 올라갔어!

건강한 식생활
'꼬물이'는 몸매 관리를 위해 식물에서 자라는 맛있는 버섯을 즐겨 먹었어.

다른 동물이 적이 되다니
인간은 섬에 들어오면서 사슴, 염소, 돼지 같은 동물을 데려왔어. 그 동물들이 달팽이의 서식지를 망가뜨렸지. 인간들은 배고픈 쥐나 카멜레온도 데려왔어. 가장 끔찍한 건 '꼬물이'의 최대 적인 육식성 달팽이였는데, 얘들은 다른 달팽이를 실제로 먹었다지 뭐야!

핀타섬땅거북

정원사 엉금이

갈라파고스제도

'엉금이'와 그의 정원사 친구들은 5백만 년 전에 갈라파고스제도에 처음 도착했어. 새로운 고향을 찾아 남아메리카에서 거센 해류를 타고 왔지. 지구에 좋은 일을 많이 한 느림보 거북이들에게 무슨 일이 있었던 걸까?

목을 길게 내밀고

'엉금이'는 핀타섬에 자리를 잡고 살았어. 맛있는 풀과 과일이 많았지. '엉금이'는 긴 목 덕분에 덥고 건조한 계절에도 잘 견뎠어. 목을 길게 내밀고 뾰족뾰족한 가시가 박힌 배 선인장 같은 먹이를 찾을 수 있었거든.

깔끔쟁이

1800년대에는 거북이들이 갈라파고스제도를 아주 깔끔하게 관리했어. 20세기가 되자 핀타섬에 염소가 들어왔어. 염소가 거북이 서식지를 망가뜨려서 거북이는 먹고 살 수 없게 되었지.

행복한 소식

착한 거북이를 계속 무시해서는 안 돼. 2019년에 갈라파고스 국립공원에서 암컷 페르난디나자이언트거북이 발견되었어. 야생에서 마지막으로 발견된 지 110년 만이야. 거북이 나이는 아마 100살이 넘었을 거야. 더 많은 거북이들이 숨어 있을지도 몰라. 근처에서 발자국과 똥이 발견되었거든! 정원사 거북이들이 곧 다시 나타날 것 같아!

모아새
위풍당당 우렁차

뉴질랜드

목격자들에게 물어 보니 이웃들이 다들 높은 지대에 사는 모아새 '우렁차'를 좀 무서워한 것 같아. 모아새는 아홉 종이 있었는데 모두 날지 못하는 새였어. '우렁차' 같은 모아새는 몸길이가 거의 3미터까지 자랐는데, 몸집이 가장 컸지. 수컷보다 몸무게가 두 배 정도 더 나가는 모아새로 덩치가 어마어마했어!

우렁차게 당당하게

체격이 좋은 하스트독수리는 모아새 사냥을 즐겼지만 '우렁차'는 피해 다녔어. '우렁차'의 우렁찬 목소리를 들으면 누구나 도망가느라 바빴지.

따뜻한 양말

'우렁차'는 높은 산에서 사는 걸 좋아했어. 꽤 추운 곳이었는데, 천연 양말 같은 깃털 덕분에 산 위에서도 발이 따끈따끈했지.

채식주의자

'우렁차'는 채식주의자였어.
씨앗, 풀, 나뭇잎을 즐겨 먹었지.
날지 못했지만 고개를 높이 들고
걸어 다녔어.

멸종의 단서

어떻게 그 많던 모아새가 100년도 안 되어
멸종되었을까? 뉴질랜드에 인간이 들어와서는
모아새를 사냥하기 시작했어. 고기도 필요했고
모아새의 뼈로 낚싯바늘을 만들었거든.

부카르도

국에서 남ㄸㄱ

스페인과 프랑스, 피레네산맥

가장 흥미로운 사건 중 하나는 바로 사냥개 생긴 부카르도와 관련이 있어. '부카르도'는 뿔 길이가 1미터나 되고 몸무게도 100킬로그램이 넘었어. 모두 '부카르도'가 무섭다고 말했지만 난 '부카르도'가 무척 뛰어난 국예사였다는 걸 알아냈어!

울퉁불퉁 바위 집

'부카르도'는 절벽처럼 바위가 많은 곳에 살면서 이리저리 뛰어다녔어. 약초, 이끼, 풀을 뜯어 먹을 수 있었거든. 친구들과 어울리기 좋아해서 농장이나 바위가 많은 바닷가에 사는 친구들에게 자주 놀러 간 흔적이 보여.

먹이 찾기

날씨가 변하자 남뿌르고와 가족은 신선한 풀을 계속 오르내리며 먹이를 찾아야 했어. 얼지 않은 땅에 머물면서 말이야.

자꾸자꾸 경쟁하다가

인간은 사슴, 양, 염소 같은 가축을 데려와 기르기 시작했어. 그래서 동물들이 늘어났는데 먹이는 턱없이 부족해졌지. '남뿌르고'가 마음껏 뛰어다닐 수 있는 사정이 끝나 버린 거야.

괌물총새

심술쟁이 까칠이

괌, 미크로네시아

괌에는 한때 시끄럽고 사나운 새 '까칠이'가 살았어. '까칠이'를 조사하는 건 어렵지 않았지. '까칠이'를 한 번이라도 만난다면 절대로 잊을 수 없거든. 몸길이가 20센티미터밖에 되지 않았지만, 누군가 섬을 지나가려고 하면 쇳소리를 내며 엄청 심술을 부렸지.

집짓기도 화끈하게

'까칠이'는 둥지를 거침없이 만들었어. 날아다니면서 크고 강한 부리로 나뭇가지를 냅다 부러뜨려서 둥지를 만들었지.

맛있는 한 상

어떤 물총새는 물 근처에 살아야 하지만 '까칠이'는 그럴 필요가 없었어. '까칠이'는 육지에 살면서 땅에 있는 작은 도마뱀이나 곤충을 잡아먹었어. 누구든 방해하면 엄청 투덜거렸지.

수풀 속의 뱀

성격이 고약한 '까칠이' 같은 괌물총새는 약 30년 전에 야생에서 사라졌어. 난 그 이유를 알아내기 위해 단서를 따라갔지. 1940년대에 인간이 우연히 괌에 뱀을 들여왔는데, 욕심꾸러기 뱀이 글쎄 물총새의 알을 다 먹어 버렸지 뭐야. 이제 섬에는 물총새가 한 마리도 남아 있지 않아. 그런데 갈색나무뱀은 약 200만 마리나 살고 있대!

미래의 희망

다행히 '까칠이' 친척들의 이야기는 행복하게 끝나. 환경운동가들이 괌물총새 20마리를 잡아서 보호하고 있거든. 새로 태어난 새끼들을 동물원에서 기르고 있는 거야. 여전히 전 세계적으로 살아 있는 물총새의 수는 매우 적지만 그래도 희망이 보여.

위험에 처한 동물들

육지 동물

이제 내 탐정 임무는 거의 끝났어! 우리는 멋진 동물들에 대해 많이 배웠고, 미스터리도 많이 파헤쳐 보았지. 더 이상 미스터리를 파헤쳐야 하는 멸종 동물이 생기지 않으면 좋겠어. 명탐정들은 범죄가 일어나기 전에 막는 게 가장 좋다는 걸 알아. 지금도 수천 종의 동물들이 사라질 위기에 처해 있어. 너희들이 도와준다면 동물들을 무사히 지킬 수 있을 거야!

뒤영벌

이 작은 벌은 땅속에 집을 짓고 살아. 영국에서 뒤영벌의 수가 갑자기 줄어들었는데, 그 이유는 꽃이 가득한 들판이 많이 없어졌기 때문이야.

아무르표범

이 희귀한 표범이 가장 두려워하는 건 밀렵과 서식지 감소야. 러시아와 중국 사이의 국경에는 100마리 정도밖에 남지 않았어. 추운 곳이라 표범들은 따뜻함을 유지하기 위해 두꺼운 털을 기르지.

말레이천산갑
비늘로 덮인 말레이천산갑은 동남아시아의 나무에서 살아. 사람들이 말레이천산갑을 잡아먹고, 비늘을 약에 사용하기 때문에 위험에 처해 있어. 몸을 동그란 공처럼 말아서 스스로를 보호하지만, 그 덕에 사람들에게 쉽게 잡히지.

타파눌리오랑우탄
과일을 사랑하는 타파눌리오랑우탄은 인도네시아 수마트라섬의 나무에서 살아. 서식지가 망가져서 지금은 800마리도 남아 있지 않아. 인간이 특별한 댐을 만들기 위해 나무를 잘라 내고 있대.

아홀로틀
멕시코 양서류인 아홀로틀은 특별한 능력을 가지고 있어. 몸이 다쳐도 그 부분이 새로 자라는 능력이지. 아홀로틀은 천적이 거의 없지만 환경 오염과 사냥으로 멸종 위기에 처해 있어. 인간들이 아홀로틀이 살고 있는 호수나 연못에 뭘 자꾸 지어 대서 문제야.

위험에 처한 동물들

해양 동물

앨버트로스
호주 바닷새인 거대한 앨버트로스는 지구 온난화와 환경 오염으로 위협받고 있어. 앨버트로스는 적을 만나면 평생을 함께하며 일 년에 한 번 소중한 알을 낳는대.

남방참다랑어
수영 최상급반인 남방참다랑어는 인간들이 먹이를 얻기 위해 잡아 들여서 위험에 처해 있어. 가만히 두면 40년까지도 살 수 있고 몸은 2.5미터까지 자란지. 남방참다랑어는 냉난류의 어느 바다에서나 발견대.

바키타돌고래
바키타돌고래는 지구상에 10~15마리 정도만 남아 있어. 수중음을 많이 타는 양박돌고래 종류지. 바키타돌고래는 우연히 낚싯그물에 걸리는 경우가 많아. 과학자들은 버려진 그물을 제거하려고 열심히 노력하고 있어. 바키타돌고래가 그물에 걸려들 수 있거든.

헬포헤드페스

이마가 볼록하고 길이가 2미터가 넘는 물고기야. 코끝트리에앵글 앞쪽을 지역이 암초에서 잘 찾아볼 수 있어. 아주 화려해 보이기 때문에 밀렵꾼들이 노리을 들이지. 돈을 많이 벌 수 있기는 밀렵꾼들 때문에 모두 위험해!

오네이트매가오리

인도양에 사는 오네이트매가오리라는 물유로 뛰어오르는 걸 좋아해. 폭이 2.5미터까지 자라기도 하지. 불행하게도 가끔씩 우연히 어부들에게 잡혀.

우리가 뭘 할 수 있을까?

지구에서 함께 살고 있는 동물을 도울 방법은 아주 많아!

문제: 과도한 농업

해결책: 채소 더 많이 먹기

육류와 유제품을 만들기 위해 대규모 농장에서 가축을 기르면 땅이 망가질 수 있어. 그러니 그곳에 사는 동물들에게도 위험한 일이지. 우리가 고기를 더 적게 먹으면 농부들도 땅을 많이 쓸 필요가 없을 거야.

문제: 나무를 마구 베는 것

해결책: FSC 종이 사용하기

종이나 나무로 만든 제품을 살 때 잘 살펴봐. 지속가능한 방법으로 재배한 나무를 사용했는지, 국제삼림관리협의회(FSC)에게 인증을 받았는지 말이야.

문제: 환경 오염

해결책: 줄이기, 다시 쓰기, 재활용하기

인간이 버린 플라스틱은 분해되려면 수백 년이 걸려. 땅과 바다와 동물에게 심각한 영향을 미치지. 그러니 플라스틱을 적게 쓰고 다시 쓰고 재활용하도록 노력해야 해. 물론 쓰레기를 아무 데나 버리는 것도 안 되겠지!

문제: 기후 변화

해결책: 깨끗한 운송 수단 이용하기

자동차와 비행기는 공기를 엄청나게 오염시켜. 가능하면 기차나 자전거를 타는 게 좋아. 학교에 갈 때 반드시 차를 타야 한다면 부모님에게 부탁해서 친구들과 함께 타고 다닐 방법을 알아봐.

문제: 서식지 손실

해결책: 정원 가꾸기

도시는 많은 동물의 서식지 위에 지어졌어. 그 동물을 위해 새집이나 먹이 주머니를 놓아 줘. 곤충 호텔을 만들어 주거나 벌이 좋아하는 꽃들을 심어 줘. 정원 울타리 밑에는 고슴도치 크기의 구멍도 많이 내 주면 좋아.

문제: 물 낭비

해결책: 물 적게 사용하기

강, 호수, 습지는 인간에게 물을 공급하면서 점점 말라가고 있어. 1970년 이후 민물에 사는 야생 동물이 83% 정도 줄었어. 민물 생태계를 보호하려면 물을 적게 써야 해.

문제: 어른들이 말을 안 들어

해결책: 너희들이 목소리를 내야 해!

어른들에게 이 책에 나오는 동물들에 대해 알려 주면 상황이 달라질 수 있어. 우리에게 무슨 일이 일어났는지 말해 주고, 지구에 함께 살고 있는 동물들을 더 이상 잃지 않으려면 어떻게 해야 하는지도 설명해 줘!

전문 용어

동물 전문 용어만 잘 알아도 멸종 위기 동물 명탐정이 될 수 있어!

떼 - 함께 먹고 사는 동물의 무리

먹이 - 다른 동물에게 잡혀 먹는 동물

멸종 - 생물의 한 종류가 지구에서 완전히 없어지는 것

밀렵 - 불법으로 동물을 사냥하는 것

보호 시설 - 동물들이 농장이나 동물원에서 인간의 보살핌을 받으며 사는 곳

삼림 파괴 - 숲을 베어 내고 없애는 것

서식지 - 생물이 일정한 곳에 자리를 잡고 사는 곳

소화 - 음식을 쪼개어 몸에서 쓸 수 있는 상태로 변화시키는 일. 이 과정에서 비타민과 영양분을 얻음

온실가스 - 지구 대기를 오염시켜 온실 효과를 일으키는 가스. 이산화탄소 등

운무림 - 구름이나 안개가 낮게 깔린 열대의 숲

위기 - 야생에 남은 수가 매우 적어서 미래에 멸종할 가능성이 높은 종

육식 동물 - 동물의 고기를 먹고 사는 동물

이주 - 주로 일 년에 한 번 동물이 서식지를 다른 곳으로 옮기는 것

조상 - 지금 동물이나 식물보다 먼저 산 동물이나 식물

지구 온난화 - 지구의 온도가 계속 높아지는 현상

진화 - 동물이나 식물의 일부가 시간이 지나면서 천천히 변하는 것

초식 동물 - 식물을 주로 먹고 사는 동물

취약 - 야생에서 수가 줄어들어서 위기 종이 될 수 있는 종

파충류 - 비늘이나 뼈판으로 덮여 있고 피가 차가운 동물로, 알을 낳음

포식자 - 다른 동물을 잡아먹는 동물

환경 운동가 - 환경과 야생을 보호하고 보존하는 사람

후손 - 앞선 세대와 관련 있는 동물이나 사람

찾아보기

ㄱ
갈라파고스제도 32, 33
갈색나무뱀 39
개구리 26
괌 38
괌물총새 38, 39
기후 변화 7, 13, 27, 44

ㄴ
나그네비둘기 28
나무늘보여우원숭이 12, 13
나무달팽이 30
난쟁이코끼리 10, 11
남방참다랑어 42
남수단 24
뉴질랜드 34, 35
니제르 24

ㄷ
도도새 8
돌고래 22, 42
두꺼비 26

ㄹ
랩스프린지림드개구리 27
러시아 40

ㅁ
마다가스카르 12
말레이천산갑 41
멸종 6-8, 18, 35, 40
모리셔스 8, 9
모아새 34, 35
미국 19

ㅁ
미크로네시아 38
민물돌고래 22, 33

ㅂ
바키타돌고래 42
베링해 14
부카르도 36
브라질 19

ㅅ
사냥 6, 7, 13, 15-19, 21, 25, 29, 34, 35, 41
삼림 파괴 7, 19
새 8, 16, 18, 19, 34, 38, 39
서부검은코뿔소 24, 25
서식지 6, 7, 13, 18, 19, 21, 25, 27, 31, 33, 40, 41
수마트라섬 41
스리랑카 27
스리랑카관목개구리 27
스텔러바다소 14, 15
스픽스앵무새 19

ㅇ
아무르표범 40
아프리카 24
아홀로틀 41
앵무새 8, 18, 19
양쯔강 22, 23
영국 40
오네이트매가오리 43
오염 23, 41, 42, 44
올챙이 27
육식성 달팽이 31
위기 6, 7, 18, 40, 41
위주머니보란개구리 26
인도네시아 41

ㅈ
중국 22, 25, 40
지중해 10, 11

ㅊ
취약 6

ㅋ
카메룬 24
캐롤라이나앵무새 19
코스타리카 26
쿠바 18
쿠바앵무새 18, 19
큰바다쇠오리 16, 17

ㅌ
타파눌리오랑우탄 41
태즈메이니아 20
태즈메이니아늑대 20, 21

ㅍ
파나마 27
페르난디나자이언트거북이 33
피레네산맥 36
핀타섬땅거북 32

ㅎ
하스트독수리 34
하와이 30
험프헤드래스 43
호주 20, 21, 26, 42
황금두꺼비 26

닉 크럼턴 글

런던대학교의 동물학 교수입니다. 런던자연사박물관에서 일했으며, BBC에서 저널리스트이자 연구원으로 일하고 있습니다. 지은 책으로는 『동물 아틀라스』가 있습니다.

롭 호지슨 그림

영국의 디자이너이자 일러스트레이터입니다. 플리머스 대학에서 일러스트레이션을 공부했습니다. 현재 브리스톨에 살며 다양한 일러스트 작품과 책을 만들고 있습니다. 동물, 스케이트보드, 지각 심리, 색다른 장난감 모으는 것을 좋아합니다. 『무러뜨더 티렉스의 가족 앨범』, 『털뭉치퀸 매머드의 스타 앨범』에 그림을 그렸습니다.

이순영 옮김

강릉에서 태어나 자랐고, 한국외국어대학교에서 영어를 공부했습니다. 이루리와 함께 북극곰 출판사를 설립하고 책을 만들고 있습니다. 그동안 번역한 책으로는 『당신의 별자리』, 『안돼!』, 『곰아, 자니?』, 『공원을 헤엄치는 붉은 물고기』, 『똑똑해지는 약』, 『우리집』, 『한밤의 정원사』, 『바다와 하늘이 만나다』, 『우리 집에 용이 나타났어요』 등 50여 편이 있습니다.

북극곰 궁금해 시리즈 8
다파헤쳐 도도새의 탐정 일기 멸종 위기 동물의 미스터리

2021년 3월 19일 초판 1쇄
글 닉 크럼턴 ‖ 그림 롭 호지슨 ‖ 옮김 이순영
편집 이지혜, 노한나 ‖ 디자인 기하늘 ‖ 마케팅 최은애
펴낸이 이순영 ‖ 펴낸곳 북극곰 ‖ 출판등록 2009년 6월 25일 (제 300-2009-73호)
주소 서울시 마포구 독막로 320 B106호 북극곰 ‖ 전화 02-359-5220 ‖ 팩스 02-359-5221
이메일 bookgoodcome@gmail.com ‖ 홈페이지 www.bookgoodcome.com
ISBN 979-11-6588-061-3 77400 | 979-11-89164-60-7 (세트) ‖ 값 17,000원

Published by arrangement with Thames & Hudson Ltd, London,
Danny Dodo's Detective Diary © 2021 Thames & Hudson Ltd, London
Illustrations © 2021 Rob Hodgson
This edition first published in Republic of Korea in 2021 by BookGoodCome, Seoul
Korean edition © 2021 BookGoodCome

이 책의 한국어판 저작권은 저작권자와의 독점 계약으로 북극곰에 있습니다.
저작권법에 의해 한국 내에서 보호를 받는 저작물이므로 무단 전재와 복제를 금합니다.
「이 책의 국립중앙도서관 출판예정도서목록(CIP)은 서지정보유통지원시스템(http://seoji.nl.go.kr)과 국가자료공동목록시스템(http://www.nl.go.kr/kolisnet)에서 이용하실 수 있습니다. (CIP제어번호: CIP2020046324)」

제품명 : 도서 | 제조자명 : 북극곰 | 제조국명 : 중국 | 사용연령 : 3세 이상
주의! 책 모서리가 날카로우니, 던지거나 떨어뜨려 다치지 않도록 주의하세요.